A MINHA, A SUA, A NOSSA INCLUSÃO
ORIENTANDO E PRODUZINDO SABERES

Editora Appris Ltda.
1.ª Edição - Copyright© 2020 dos autores
Direitos de Edição Reservados à Editora Appris Ltda.

Nenhuma parte desta obra poderá ser utilizada indevidamente, sem estar de acordo com a Lei nº 9.610/98. Se incorreções forem encontradas, serão de exclusiva responsabilidade de seus organizadores. Foi realizado o Depósito Legal na Fundação Biblioteca Nacional, de acordo com as Leis nos 10.994, de 14/12/2004, e 12.192, de 14/01/2010.

Catalogação na Fonte
Elaborado por: Josefina A. S. Guedes
Bibliotecária CRB 9/870

P662m
2020
	Pio, Rosana Martins
	   A minha, a sua, a nossa inclusão : orientando e produzindo saberes / Rosana Martins Pio. - 1. ed. – Curitiba : Appris, 2020.
	   85 p. ; 21 cm – (Artêra)
	
	   Inclui bibliografias
	   ISBN 978-85-473-4473-3
	
	   1. Educação inclusiva. 2. Crianças com deficiências – Educação. 3. Inclusão escolar. I. Título. II. Série.
	
	                                                                                               CDD – 371.9

Livro de acordo com a normalização técnica da ABNT

Appris
editora

Editora e Livraria Appris Ltda.
Av. Manoel Ribas, 2265 – Mercês
Curitiba/PR – CEP: 80810-002
Tel. (41) 3156 - 4731
www.editoraappris.com.br

Printed in Brazil
Impresso no Brasil

Rosana Martins Pio

A MINHA, A SUA, A NOSSA INCLUSÃO
ORIENTANDO E PRODUZINDO SABERES

FICHA TÉCNICA

EDITORIAL	Augusto V. de A. Coelho
	Marli Caetano
	Sara C. de Andrade Coelho
COMITÊ EDITORIAL	Andréa Barbosa Gouveia (UFPR)
	Jacques de Lima Ferreira (UP)
	Marilda Aparecida Behrens (PUCPR)
	Ana El Achkar (UNIVERSO/RJ)
	Conrado Moreira Mendes (PUC-MG)
	Eliete Correia dos Santos (UEPB)
	Fabiano Santos (UERJ/IESP)
	Francinete Fernandes de Sousa (UEPB)
	Francisco Carlos Duarte (PUCPR)
	Francisco de Assis (Fiam-Faam, SP, Brasil)
	Juliana Reichert Assunção Tonelli (UEL)
	Maria Aparecida Barbosa (USP)
	Maria Helena Zamora (PUC-Rio)
	Maria Margarida de Andrade (Umack)
	Roque Ismael da Costa Güllich (UFFS)
	Toni Reis (UFPR)
	Valdomiro de Oliveira (UFPR)
	Valério Brusamolin (IFPR)
ASSESSORIA EDITORIAL	Renata Cristina Lopes Miccelli
REVISÃO	Isabela do Vale Poncio
PRODUÇÃO EDITORIAL	Lucas Andrade
DIAGRAMAÇÃO	Daniela Baumguertner
FOTOGRAFIAS	Cheila Cristina Zaluca
CAPA	Fernando Nishijima
COMUNICAÇÃO	Carlos Eduardo Pereira
	Débora Nazário
	Karla Pipolo Olegário
LIVRARIAS E EVENTOS	Estevão Misael
GERÊNCIA DE FINANÇAS	Selma Maria Fernandes do Valle

Dedico esta obra à minha irmã, Rosangela Martins Pio, diagnosticada com paralisia cerebral desde o seu nascimento, crescemos juntas e aprendemos a desenvolver uma comunicação baseada em respeito, compreensão, diversão e amor. Cada gesto, cada sorriso, cada abraço era repleto de felicidade, baseado em pureza de sentimentos e de uma ingênua inocência que me levavam bem longe de atos de discriminação e preconceito.

AGRADECIMENTOS

Agradeço à Associação Franciscana de Educação ao Cidadão Especial (Afece), e em particular ao coordenador pedagógico Alexandre Alves Aranha, pela colaboração com o desenvolvimento das orientações e das atividades práticas de psicomotricidade, e a atual gestora, Maíra de Oliveira, por dar continuidade e apoio à publicação do livro.

Agradeço ao Instituto Paranaense de Cegos, e em particular ao Paulo Roberto Moreira, professor do Instituto Paranaense de Cegos (IPC) há 12 anos e treinador Paradesportivo na Associação Esportiva dos Deficientes Visuais do Paraná (Aedv-PR), pelas informações fornecidas para o desenvolvimento das orientações dos deficientes visuais, bem como das atividades de Futebol de 5 e Goallball, atividades adicionadas, no livro, às práticas de educação física escolar.

À professora Maria de Fátima Rodrigues Pereira, por prontamente aceitar o convite de prefaciar esta obra.

Agradeço em especial à Carla Trisotto, pela ideia de cartilha educativa (hoje livro) no "Projeto Portas Abertas para a Inclusão", uma parceria da Secretaria Municipal de Educação (SME) com o Instituto Rodrigo Mendes, Unicef e o Instituto Barcelona.

Agradecimento especial ao querido aluno Vitor G., fonte inspiradora de meu relato de experiência no site DIVERSA do Instituto Rodrigo Mendes. Agradeço aos meus alunos mais que especiais, que me inspiraram a melhorar sempre a minha prática profissional nesses 10 anos de ensino na Rede Municipal de Ensino de Curitiba, sempre pensando em contribuir, de forma consciente e eficiente, no desenvolvimento de cada um em suas particularidades, em meio a uma relação de muito respeito e amor.

PREFÁCIO

A professora Rosana Pio oferece aos leitores seu escrito sobre Educação Inclusiva, tema das políticas, debates, legislação e práticas desde a década de 1990.

Todavia, desde 2016, outros temas convocaram os educadores à resistência, como o da Reforma do Ensino Médio, da Escola sem Partido, a *homeschooling*, os cortes no financiamento, a financeirização/privatização da educação pública, o ataque sistemático às universidades, à ciência, ao pensamento crítico.

Parece que as lutas por inclusão, em uma formação social extremamente excludente como é a brasileira, arrefeceram face a essas pautas regressivas.

Pois bem, Rosana, com este material, lembra-nos dos compromissos com a Educação Inclusiva, certamente porque esse tema é uma dimensão da efetivação dos Direitos Humanos, requisito da democracia.

Esta publicação ganha, ainda, significado especial em um tempo de práticas políticas que se aproximam do estado de exceção, quando nos interstícios da Constituição de 1988, buscam-se justificativas para intervenção dos aparelhos repressores, nas questões sociais não resolvidas pelas políticas de inclusão, entre as quais se situa a educação entre outras, como: saneamento, segurança alimentar, moradia, trabalho.

Intitulado como *A minha, a sua, a nossa inclusão*, os escritos da professora Rosana lembra-nos de que a inclusão é para todos. Pode esse título, à primeira vista, apontar para uma obra a tratar de uma defesa relativista da inclusão, assentindo talvez em uma visão individualista da ontologia humana tão em moda nos tempos que correm contra as evidências das impossibilidades de um só humano se fazer humano. Tratarse-ia, assim, de uma recreação contemporânea do moderno Robison Crusoé (1719) do escritor e jornalista Daniel Defoe, inglês que fez do seu herói – Crusoé – náufrago perdido em uma ilha deserta do mar das Caraíbas, mantendo por 28 anos que ali permaneceu, as práticas da vida de uma aristocracia aventureira londrina, como se fosse possível seres humanos desgarrados das relações com outros seres humanos. Seria possível a Crusoé, em sua ilha, a fabricação de suas ferramentas, manter o hábito de preparar a mesa para o jantar se isso não estivesse nas suas memórias, na sua formação social?

O texto chama todos, em especial professores e pais, estimulando que tomem seu partido na Educação Inclusiva, informando-se sobre como fazê-la.

Nesse sentido, o título, *A minha, a sua, a nossa inclusão*, aponta para a ontologia humana enquanto ser social, lembrando-nos de que a escola está em crise e, logo em seguida, que é preciso acolher as diferenças. Assenta, também, que esse trabalho da Educação Inclusiva é de todos: equipe pedagógica, professores, pais, como a dizer que há uma unidade na diversidade humana. Talvez, seja nessa compreensão e condições necessárias para tal, sob uma política e ética de uma ontologia social, que a crise da escola possa ser superada, bem como os dilemas que a corroem. Isso me parece essencial a ser trabalhado e é nesse sentido que o presente texto se aponta. Ora, ainda que a professora Rosana não tenha a finalidade de esgotar a compilação de conceitos, definições sobre deficiência e legislação referente à Educação Inclusiva, oferece ao leitor um painel de orientações de maneira a promover e divulgar o tema e, mais, propõe práticas que poderão ser debatidas e apropriadas pelos professores inclusivos e gestores que, generosamente, entendem a educação como uma prática social de formação de humanos que se reconhecem nos olhos dos outros.

Salientamos a oportunidade para a publicação e divulgação deste livro, sua disponibilidade a todos, em especial aos profissionais ligados direta ou indiretamente à educação.

Com este material, a autora nos instrumentaliza para a efetivação da escola que almejamos!

Doutora Maria de Fátima Rodrigues Pereira

Professora do Programa em Educação da Universidade Tuiuti do Paraná

APRESENTAÇÃO

Diante de um mundo com tantas mudanças sociais e tecnológicas, as questões educativas passam por processos de grandes inquietações e questionamentos. Estamos diante de uma crise educacional, pois a escola é, incontestavelmente, a instituição formadora mais antiga para a transmissão do conhecimento humano, mas que atualmente sofre uma crise de identidade. Há uma necessidade premente de revalorização da instituição escola, bem como uma reformulação de suas funções educativas.

Dentro dessa realidade, há a necessidade de uma educação para todos e de qualidade, inclusiva, que valorize as diferenças. Algumas reformas foram necessárias no que tange às orientações para a educação especial. As políticas educacionais voltadas para a inclusão pretendem integrar e ser equânimes, pois regulamentam a inclusão de alunos com necessidades especiais no ensino regular.

As leis inclusivas passam a nortear um novo cotidiano escolar no qual o professor passa a atender crianças com necessidades educativas especiais enfrentando problemas e limitações com a aprendizagem desse aluno com características próprias.

Um inquietante desafio da equipe pedagógico-administrativa, docente e de toda a sociedade, que necessita de uma reestruturação do plano político pedagógico, é uma reestruturação metodológica e estrutural do espaço escolar.

Tendo em vista ser um tema novo e de muitas controvérsias, faz-se necessária uma preparação e formação adequada para toda a equipe escolar, pois a construção do saber para esses alunos se faz de forma variada e particular. Muitos educadores trabalham com ética e com responsabilidade, além de muito comprometimento, porém sabemos que há pouca literatura voltada a pesquisa e formações ainda insuficientes.

Com o meu ingresso na Rede Municipal de Ensino de Curitiba em 2009, vivênciei na prática escolar algumas dificuldades metodológicas. Sendo uma profissional da educação comprometida com a aprendizagem dos meus alunos de inclusão, iniciei uma pesquisa buscando conhecer mais sobre as características, processos de aprendizagem e dificuldades apresentadas por eles. Com o objetivo de possibilitar um ensino digno para cada aluno.

Desta forma, conhecer as particularidades de cada aluno, suas características e suas formas de aprendizagem são necessárias. Esta pesquisa colaborou para que eu pudesse fazer adaptações e construir materiais de apoio para as minhas aulas, melhorar consideravelmente minha prática e deixar sistematizado esse material de apoio para os profissionais da área educacional e interessados no assunto, o que resultou neste livro.

Minha aposta nesta escrita dá-se pelo encontro com três suposições: 1) a de que a melhor forma de incluir as crianças com necessidades especiais é o conhecimento de suas características e necessidades para que haja uma educação de qualidade; 2) a de que esta escrita sirva de apoio para toda a equipe escolar e pedagógica, além de pais e sociedade em geral, para que essa inclusão realmente aconteça; 3) a de que as sugestões de atividades práticas possam dar subsídios para a criação de mais atividades adaptadas para os alunos de inclusão, ou seja, a construção de mais saberes.

Diante desses fatos a escrita se torna relevante para subsidiar a formação de profissionais que queiram aprimorar a sua prática e desenvolver materiais que promovam a aprendizagem dos alunos com necessidades especiais.

Rosana Martins Pio

SUMÁRIO

INTRODUÇÃO..19

1
O QUE É DEFICIÊNCIA?..23

2
LEGISLAÇÃO QUE ASSISTEM AS PESSOAS COM TRANSTORNOS DE DESENVOLVIMENTO E NECESSIDADES EDUCATIVAS ESPECIAIS..27

3
CONCEITOS DE TRANSTORNOS GLOBAIS DO DESENVOLVIMENTO, DIFICULDADES DE APRENDIZAGEM E DEFICIÊNCIA (MOTORA, INTELECTUAL, VISUAL E AUDITIVA)..31
3.1 CONCEITO E CLASSIFICAÇÃO DE TRANSTORNO GLOBAL DE DESENVOLVIMENTO......................33
3.2 CARACTERÍSTICAS DOS TRANSTORNOS GLOBAIS DE DESENVOLVIMENTO......................34
3.3 ORIENTAÇÕES..35
3.4 CONCEITO E CLASSIFICAÇÕES DAS DIFICULDADES DE APRENDIZAGEM.........................35
3.5 CARACTERÍSTICAS DAS DIFICULDADES DE APRENDIZAGEM..36
3.6 CARACTERÍSTICAS COMPORTAMENTAIS DAS DIFICULDADES DE APRENDIZAGEM..............37
3.7 ORIENTAÇÕES..38

4
DEFICIÊNCIA MOTORA 41
4.1 CLASSIFICAÇÃO DOS TIPOS DE DEFICIÊNCIA MOTORA 44
4.2 CARACTERÍSTICAS DO DEFICIENTE MOTOR 44
4.3 CARACTERÍSTICAS COMPORTAMENTAIS
DOS DEFICIENTES MOTORES 45
4.4 ORIENTAÇÕES 45

5
DEFICIÊNCIA INTELECTUAL 47
5.1 CLASSIFICAÇÃO DOS NÍVEIS PSICOMÉTRICOS
DE DEFICIÊNCIA INTELECTUAL 49
5.2 EXISTEM TRÊS NÍVEIS DE DEFICIÊNCIA INTELECTUAL 50
5.3 PRINCIPAIS TIPOS DE DEFICIÊNCIA INTELECTUAL 50
5.4 CARACTERÍSTICAS DOS DEFICIENTES INTELECTUAIS 50
5.5 CARACTERÍSTICAS COMPORTAMENTAIS
DOS DEFICIENTES INTELECTUAIS 51
5.6 ORIENTAÇÕES 52

6
DEFICIÊNCIA VISUAL 53
6.1 CARACTERÍSTICAS DOS DEFICIENTES VISUAIS 55
6.2 CARACTERÍSTICAS COMPORTAMENTAIS
DOS DEFICIENTES VISUAIS 56
6.3 ORIENTAÇÕES 57

7
DEFICIÊNCIA AUDITIVA 59
7.1 PODEM SER CLASSIFICADAS EM TRÊS TIPOS 61
7.2 A DEFICIÊNCIA AUDITIVA POSSUI OS SEGUINTES
GRAUS OU NÍVEIS 61
7.3 CARACTERÍSTICAS DOS DEFICIENTES AUDITIVOS 61
7.4 CARACTERÍSTICAS COMPORTAMENTAIS
DOS DEFICIENTES AUDITIVOS 62
7.5 ORIENTAÇÃO 63

8
SUGESTÕES DE ATIVIDADES PARA PROFESSORES DE EDUCAÇÃO FÍSICA ESCOLAR 65

9
INFORMAÇÕES COMPLEMENTARES 73

REFERÊNCIAS 77

ÍNDICE REMISSIVO 81

INTRODUÇÃO

O cotidiano da vida escolar é de extrema importância para que possamos fazer apontamentos e relatos para futuras pesquisas e servem como instrumentos para a reflexão do trabalho desenvolvido.

O trabalho vivido diariamente me trouxe descobertas e questionamentos, porém, fizeram melhorar minha percepção com os alunos e melhorar minha prática, e também perceber que algumas atividades não funcionavam como eu gostaria, e a partir disto eram necessárias adaptações e mais pesquisas.

Entender sobre a definição de deficiência foi extremamente importante para o início da aprendizagem sobre a inclusão escolar.

1

O QUE É DEFICIÊNCIA?

Segundo o livro *I do Estatuto da Pessoa com Deficiência* (2013, p. 2) Art. 2º. Consideram-se pessoa com deficiência aquelas que têm impedimento de longo prazo de natureza física, mental, intelectual ou sensorial, os quais, em interação com diversas barreiras, podem obstruir sua participação plena e efetiva na sociedade em igualdade de condições com as demais pessoas".

Podemos classificar as deficiências segundo a **CIF** como:

- **Deficiência permanente:** aquela que ocorreu ou se estabilizou durante um período suficiente para não permitir recuperação ou possibilidade de alteração, apesar de novos tratamentos. (Decreto n.º 5296/04 – Regulamenta as leis 10.048 e 10.098/2000, p. 7).

- **Incapacidade:** redução efetiva e acentuada da capacidade de integração social, com necessidade de equipamentos, adaptações, meios ou recursos especiais para que a pessoa com deficiência possa receber e transmitir informações necessárias ao seu bem-estar pessoal, e ao desempenho de função ou atividade a ser exercida.

São termos abrangentes que indicam aspectos negativos e positivos da funcionalidade por meio da perspectiva biológica, individual e social. **CIF** (Classificação Internacional de Funcionalidade, decreto n.º 3298/99).

A Educação Inclusiva é um paradigma, e diante disto houve a necessidade de leis que assistissem e assegurassem estes alunos o direito de aprender nas escolas regulares de ensino.

Entender e conhecer as leis foram a segunda necessidade para estabelecer um elo importante entre família, pares escolares e alunos. Segue se algumas leis que viabilizam o ingresso dos alunos com necessidades especiais.

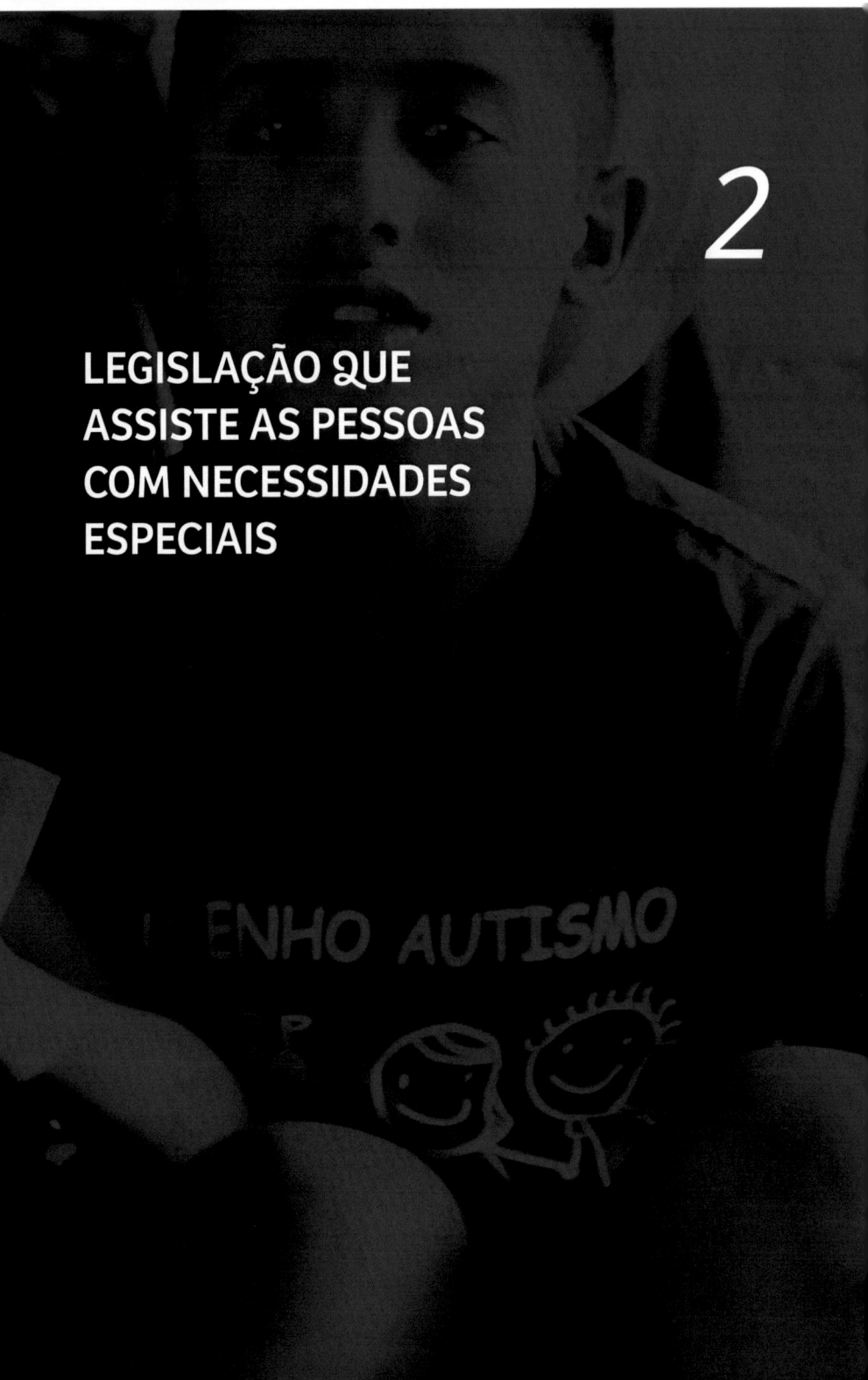

2

LEGISLAÇÃO QUE ASSISTE AS PESSOAS COM NECESSIDADES ESPECIAIS

A Política Nacional de Educação Especial na perspectiva da Educação Inclusiva (Brasil, 2008, p. 21) instaura um novo marco político e pedagógico na educação do país, definindo que:

A educação especial é uma modalidade de ensino que perpassa todos os níveis, etapas e modalidades, realiza o atendimento educacional especializado, disponibiliza os recursos e serviços e orienta quanto a sua utilização no processo de ensino e aprendizagem nas turmas comuns do ensino regular. (MANTOAN, p. 43 e 44).

Os delegados da Conferência Mundial de Educação Especial reafirmam o compromisso para uma **Educação para todos,** reconhecendo a necessidade e a urgência de uma educação para crianças, jovens e adultos que apresentam necessidades educacionais especiais no **sistema regular de ensino, bem como ações voltadas na área de educação inclusiva.** (SALAMANCA, 7 e 10 de junho de 1994, p. 1).

O Estatuto da criança e do Adolescente confirma este direito:

- A **criança e o adolescente têm direito a educação gratuita**, visando o pleno desenvolvimento de sua pessoa, preparo para o exercício da cidadania e qualificação para o trabalho, assegurando: igualdade de condições para o curso e permanência na escola. (Lei n.º 8.069, Art. 53, Capítulo IV, de 13 de julho de 1990, p. 31).

- Atendimento educacional especializado gratuito aos educandos com deficiência, transtornos globais do desenvolvimento e altas habilidades ou superdotação, transversal a todos os níveis etapas e modalidades, preferencialmente na rede regular de ensino.

- Havendo sempre que necessários serviços de apoio especializado, na escola regular.

- Não havendo possibilidade de inclusão nas classes comuns de ensino regular, o atendimento será realizado em classes, escolas ou serviços especializados. (Lei de Diretrizes e Bases da Educação Nacional, Lei de n.º 9.394/96, Capítulo V, Art. 58).

- As necessidades básicas de aprendizagem das pessoas com necessidades educativas especiais requerem muita atenção. É preciso tomar medidas que colaborem com a igualdade de acesso à educação das pessoas com qualquer tipo de necessidade especial, como parte integrante do sistema educativo. (Declaração Mundial sobre Educação para Todos, Artigo 3, parágrafo 5, Unesco, 1998, p. 4).

A partir desses conhecimentos básicos adquiridos, fez-se necessário aprimorar o conhecimento de conceitos específicos de cada necessidade especial, bem como das suas dificuldades de aprendizagem e características.

Os diversos autores, sites pesquisados e cursos realizados na área de inclusão me permitem deixar aqui uma contribuição com características e orientações, bem como atividades práticas para servirem de disparador para novas atividades práticas inclusivas.

3

CONCEITOS DE TRANSTORNOS GLOBAIS DE DESENVOLVIMENTO, DIFICULDADES DE APRENDIZAGEM E DEFICIÊNCIA (MOTORA, INTELECTUAL, VISUAL E AUDITIVA)

- Transtorno Global de Desenvolvimento (TGD) ou Distúrbio Abrangente do Desenvolvimento (PDD);
- Dificuldades de Aprendizagem (DAs);
- Deficiência na Motricidade;
- Deficiência Intelectual;
- Deficiência Visual;
- Deficiência Auditiva;

3.1 CONCEITO E CLASSIFICAÇÃO DE TRANSTORNO GLOBAL DE DESENVOLVIMENTO

O Transtorno Global de Desenvolvimento é caracterizado por um atraso simultâneo no desenvolvimento de funções básicas como comportamento, interesses, atividades estereotipadas e principalmente na socialização e comunicação.

Os transtornos são classificados como;

- Autismo.
- Síndrome de Asperger.
- Síndrome de Rett.
- Transtorno Desintegrativo (Psicoses).
- Transtornos Invasivos sem especificação.

3.2 CARACTERÍSTICAS DOS TRANSTORNOS GLOBAIS DE DESENVOLVIMENTO

- Dificuldade de compreensão e uso da linguagem.
- Dificuldade nas relações com pessoas, objetos e situações variadas do cotidiano.
- Dificuldade de entender sentimentos e fazer amizades.
- Apresentam dificuldades com mudanças de rotina nos ambientes sociais (casa, escola).
- Apresentam padrões repetitivos de movimentos corporais e comportamentais.
- Não compreendem jogos sociais, principalmente os de grupos.
- Algumas vezes apresentam ataque de raiva com algumas situações que saem da rotina.
- Não pede ajuda.
- Não costumam olhar nos olhos e nem manter contato físico.
- Tem dificuldade de aprender ou praticar uma nova atividade.
- Interesse por determinados brinquedos ou parte deles.
- Na Síndrome de Asperger não há um atraso na linguagem e verbaliza de modo formal.
- A maior incidência é do sexo masculino, porém no sexo feminino os casos são mais severos.
- As causas do Autismo permanecem desconhecidas, porém alguns estudos indicam fatores genéticos causados durante a gestação.

3.3 ORIENTAÇÕES

- É necessário que o diagnóstico seja precoce para iniciar o tratamento.

- As intervenções conjuntas de (psicologia, psicopedagogia, fonoaudiologia, fisioterapia, apoio orientação aos pais e medicação), são fundamentais para o tratamento destas crianças.

- A presença do mediador ou profissional de apoio é fundamental para o desenvolvimento efetivo e de qualidade.

- As atividades motoras e esportivas são importantes para o desenvolvimento motor, percepção corporal, autoestima e socialização.

- As associações de cada TDG devem ser consultadas sempre que possível.

3.4 CONCEITO E CLASSIFICAÇÕES DAS DIFICULDADES DE APRENDIZAGEM

Trata-se de um grupo de alunos amplo e variado, no qual o único traço comum são seus atrasos escolares ou sua inadequação ao ambiente educativo. As dificuldades de aprendizagem (DAs) podem ser dificuldades significativas na aquisição e no emprego da capacidade de:

- ouvir;
- falar;
- ler;
- escrever;
- raciocinar.

Causadas por uma possível disfunção do sistema nervoso central (RODRIGUES, 2009 CITA KIRK, 1996, p. 28).

- As dificuldades de aprendizagem podem ser **generalizadas**, por afetar quase todas as aprendizagens (escolares e não escolares).

- Como **Graves** por serem afetados vários e importantes aspectos do desenvolvimento (motor, linguístico, cognitivo etc.) geralmente como consequência de uma lesão ou de um dano cerebral.

- **Permanentes**, já que o prognóstico de solução é pouco favorável.

- **Inespecíficas**, porque não afetam o desenvolvimento, de modo a impedirem alguma aprendizagem, a causa pode ser instrucional ou ambiental com uma influência especial, como a motivação. Poderiam ser evitadas ou solucionadas com apoio técnico psicopedagógico.

- Como **específicas**, porque afetam de modo específico, determinadas aprendizagens escolares como: a leitura, a escrita ou a matemática.

- E como **leves**, porque não implica em deterioração intelectual e os aspectos psicológicos afetados são poucos.

- E como **evolutivas** consideradas por apresentar característica cognitivo-evolutiva, mas também porque podem ter origem de atrasos de desenvolvimento (COLL, MARCHESI; PALACIOS, 2004, p. 53 e 54).

3.5 CARACTERÍSTICAS DAS DIFICULDADES DE APRENDIZAGEM

Algumas características podem ser percebidas nas crianças com dificuldades de aprendizagem como:

- Hiperatividade;
- Problemas Psicomotores;
- Labilidade Emocional;
- Problemas Gerais de Orientação;
- Desordem de atenção;
- Impulsividade;
- Desordem na memória e no raciocínio;
- Dificuldades específicas de aprendizagem: dislexia, disgrafia, disortografia e discalculia;
- Problemas de audição e de fala;
- Sinais neurológicos ligeiros e equívocos, além de irregularidades no EEG (eletroencefalograma).

Uma criança com dificuldade de aprendizagem é uma criança normal que aprende de uma forma diferente, a qual apresenta uma diferença entre o potencial atual e o potencial esperado (RODRIGUES, 2009 cita FONSECA, 1995, p. 34).

3.6 CARACTERÍSTICAS COMPORTAMENTAIS DAS DIFICULDADES DE APRENDIZAGEM

Os especialistas apontam geralmente para as seguintes características comportamentais (RODRIGUES, 2009):

- Geralmente apresentam falta de motivação e isolamento.
- Dificuldade de concentração e lentidão motora.
- Os meninos apresentam mais dificuldade que as meninas (apresentam mais problemas de ordem disciplinar na família e na escola).

- Apresentam problemas emocionais: ansiedade, angústia, tristeza, choro, e uma relação conflituosa com professores e colegas.

- Podem apresentar baixo peso ou excesso de peso, insônia, falta de energia, falar em demasia, agitação, gritos, roubo, mentira, pensamento negativo e desorganização.

3.7 ORIENTAÇÕES

- É necessário o diagnóstico precoce para coletar informações precisas e confiáveis para uma intervenção psicopedagógica específica.

- É muito importante que se considere todo o contexto que o indivíduo esteja inserido. Deve ser coordenado o mais estreitamente possível com os ambientes familiar e escolar (SILVA, 2008, p. 10 e 11).

- Os alunos com DAs devem ser objetivo de adaptações curriculares individualizadas.

- Desenvolver pequenos projetos, despertando a curiosidade do aluno por algum tema ou assunto. Trabalhar com dramatizações, exposições painéis.

- Tornar o material didático mais acessível, com textos mais atraentes e ilustrações. Separar as informações dos problemas de matemática uma em cada linha. Ensinar a criança a sublinhar e localizar as palavras que indicam ações.

- Utilizar material concreto como brinquedos, moedas, blocos lógicos, material dourado, facilitando a aprendizagem da criança.

- Apresentar o mesmo conteúdo de diversas formas.

- Trabalhar com atividades lúdicas e jogos, possibilitando a construção do conhecimento (CRUZ, 2014, p. 4).

É de extrema importância evitar tratar as crianças com agressividade, pois potencializará sua dificuldade, tanto no ambiente familiar como escolar. A escola deve contribuir com um ambiente de segurança emocional, conscientizar os pais para o compromisso com a educação dos filhos e favorecer a relação com os iguais.

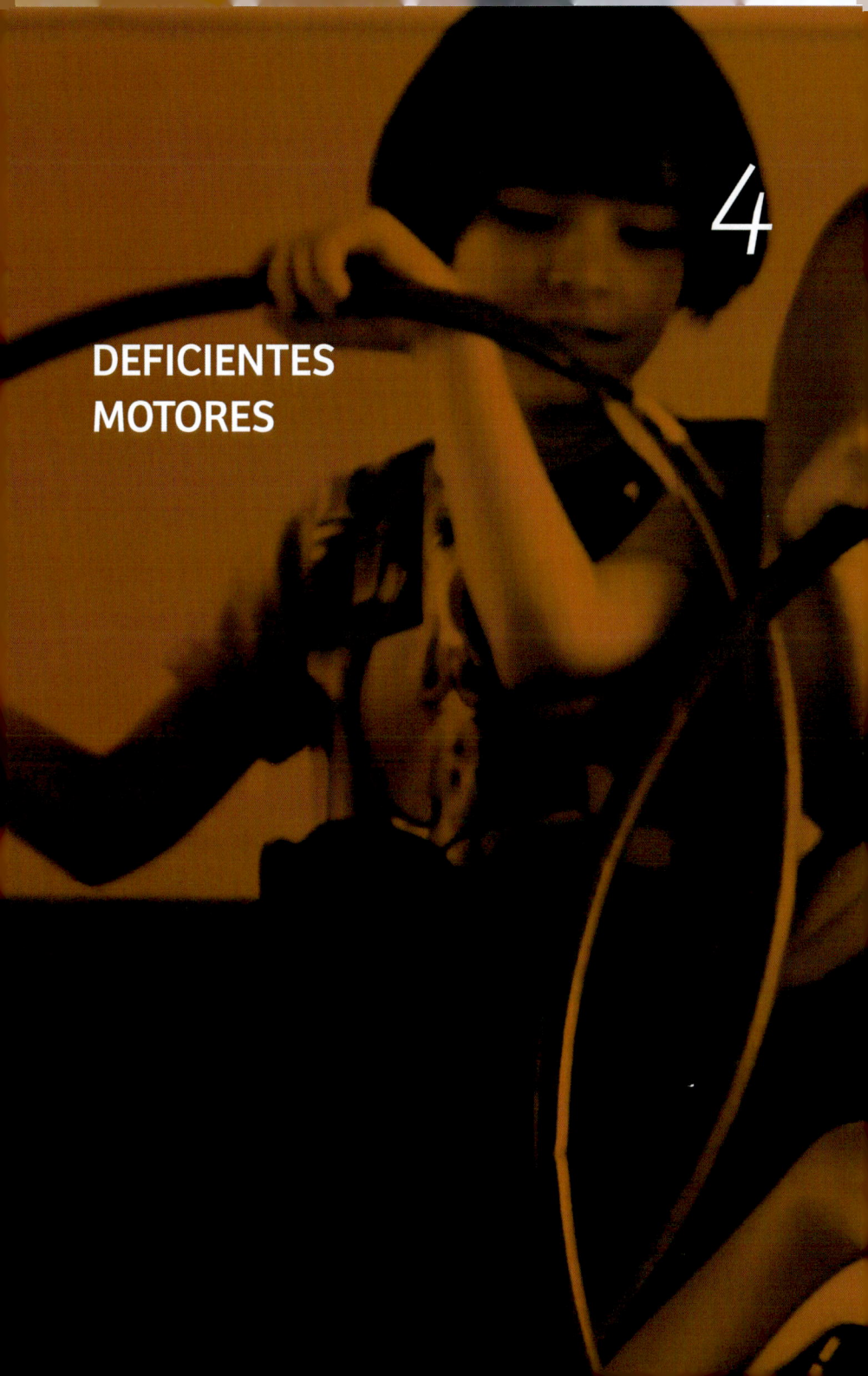

DEFICIENTES MOTORES

4

A deficiência motora é uma disfunção física ou motora, que pode ser de caráter congênito ou adquirido, desta forma esta disfunção irá afetar o indivíduo, no que diz respeito a sua mobilidade, a coordenação motora ou a fala. Podendo decorrer de lesões neurológicas, neuromusculares, ortopédicas e ainda de má formação.

Considera-se **Deficiente Motor** todo indivíduo que seja portador de deficiência motora, de caráter permanente, ao nível dos membros superiores ou inferiores de grau igual ou superior a 60% (avaliada pela Tabela Nacional de Incapacidades em 30 de setembro de 1993).

É considerado portador de **Multideficiência Profunda** todo aquele que tenha uma deficiência motora permanente ao nível membros inferiores ou superiores, de grau igual ou superior a 60%, e que contenha cumulativamente, deficiência intelectual ou visual de caráter permanente, resultando em um grau de 90% impossibilitando de conduzir veículos.

As causas mais frequentes são:

- acidente de trânsito;
- acidente de trabalho;
- erros médicos;
- problemas durante o parto;
- violência;
- desnutrição etc.

4.1 CLASSIFICAÇÃO DOS TIPOS DE DEFICIÊNCIA MOTORA

- **Monoplegia:** paralisia em um membro do corpo.
- **Hemiplegia:** paralisia na metade do corpo.
- **Paraplegia:** paralisia da cintura para baixo.
- **Tetraplegia:** paralisia do pescoço para baixo.
- **Amputação:** falta de um membro do corpo.

4.2 CARACTERÍSTICAS DO DEFICIENTE MOTOR

- Alguns se sentem discriminados e apresentam dificuldade de adaptação social.
- Devido aos problemas de mobilidade e vitalidade física, algumas crianças ficam impossibilitadas de frequentar uma escola necessitando de atendimento especial domiciliar, porém a maioria é capaz de frequentar a escola regular.
- A movimentação mais lenta e a falta de coordenação refletirão em ritmos de vida e de aprendizagem mais morosos, despertando ansiedade e angústia, muitas vezes transmitidas pelos pais que temem que o filho explore o mundo que os rodeia.
- Geralmente acontece um desconforto familiar com a dificuldade de locomoção e cuidados da criança.
- A cadeira de rodas, bengala ou muleta é parte do espaço corporal da pessoa, podemos dizer que é uma extensão de seu corpo. Não devemos apoiar na cadeira de rodas ou andadores. E devem ser mantidas sempre próximas às crianças com deficiência.

- Devemos conduzir com cuidado um cadeirante em qualquer lugar que ele necessite para que não haja acidentes.

4.3 CARACTERÍSTICAS COMPORTAMENTAIS DOS DEFICIENTES MOTORES

- A maioria das crianças com deficiência motora enfrenta o sentimento a respeito da injustiça da vida para com elas, uma reação do tipo – "Por que é que aconteceu comigo?".

- As crianças com deficiência motora sentem dificuldade de explorar o mundo que as rodeia, fato que irá afetar e condicionar as suas capacidades afetivas, cognitivas e sua personalidade.

- Sentimentos de medo e ansiedade criam uma forte sensação de dependência e muitas vezes de fracasso pessoal.

4.4 ORIENTAÇÕES

- Deve haver uma maior conscientização por parte das mulheres acerca da necessidade de fazer acompanhamento médico pré-natal. Conscientização dos riscos de ter hipertensão e diabetes.

- Existir um maior treinamento da população em geral no resgate de vítimas de acidentes de trânsito.

- Quando for se comunicar com um aluno em cadeira de rodas o melhor é sentar-se ao seu nível, para que o aluno não tenha que levantar a cabeça e assim sentir-se mais confortável.

- O professor deve ser um mediador da relação com os outros alunos. E manter se sempre atualizado sobre as necessidades dos alunos com necessidades especiais.

- Na sala de aula deve sentar-se próximo ao professor, e ter uma mesa adaptada mais alta do que a dos seus colegas.

- Observar com cuidado aos horários que o aluno necessitará ir ao banheiro.

- O professor deve estimular sempre este aluno e promover ao máximo sua independência.

- Incentivar ao máximo a comunicação e a interação com as pessoas com as quais convive na comunidade escolar.

- A colaboração de pais e professores é extremamente necessária.

5

DEFICIÊNCIA INTELECTUAL

A **Deficiência Intelectual** caracteriza-se por importantes limitações no funcionamento intelectual bem como no comportamento adaptativo, expresso nas habilidades conceituais, sociais e práticas. O Quociente de Inteligência (QI) de uma pessoa com Transtorno de Desenvolvimento Intelectual nesta avaliação situa-se em 75 ou menos.

Principais causas:

- **Pré-natais:** alterações cromossômicas, alterações genéticas, tabagismo, alcoolismo, consumo de drogas, efeitos colaterais de medicamentos teratogênicos, doenças maternas crônicas ou gestacionais, doenças infecciosas na mãe que podem comprometer o feto, desnutrição materna.

- **Perinatais:** hipóxia ou anoxia (oxigenação cerebral insuficiente), prematuridade e baixo peso, icterícia grave do recém-nascido.

- **Pós-natais:** desidratação grave, desnutrição, carência de estimulação global, infecções (meningites, sarampo), intoxicações exógenas envenenamento por remédios, inseticidas, produtos químicos, acidentes de trânsito, afogamento, choque elétrico, asfixia, quedas etc.

5.1 CLASSIFICAÇÃO DOS NÍVEIS PSICOMÉTRICOS DE DEFICIÊNCIA INTELECTUAL

- Deficiência intelectual leve: QI 55 a 70.

- Deficiência intelectual moderada: QI 40 a 55.

- Deficiência intelectual séria: QI 25 a 40.

- Deficiência intelectual profunda: QI abaixo de 25 (COLL; MARCHESI; PALACIOS; COLS; 2004, p. 194).

5.2 EXISTEM TRÊS NÍVEIS DE DEFICIÊNCIA INTELECTUAL

- **Educável ou Ligeiro:** capaz de aprender matérias acadêmicas.

- **Treinável ou Médio:** capaz de aprender as tarefas necessárias na vida diária.

- **Severo ou Grave:** não é capaz de cuidar de si mesmo inclusive nas tarefas do dia a dia.

5.3 PRINCIPAIS TIPOS DE DEFICIÊNCIA INTELECTUAL

- Síndrome de Down.

- Síndrome do X-Frágil.

- Síndrome de Prader-Willi (PWS).

- Síndrome de Williams-Beuren (SWB).

- Síndrome do Cri du Chat.

- Síndrome de Angelman.

- Erros inatos de metabolismo (Fenilcetonúria, hipotireoidismo congênito etc.).

5.4 CARACTERÍSTICAS DOS DEFICIENTES INTELECTUAIS

- Apresentam dificuldades cognitivas que influenciam em sua aprendizagem (raciocínio, memória, atenção e juízo).

- Apresentam problemas á nível de autonomia pessoal, social, comunicação e relação socioafetiva.

- São capazes de se adaptar em serviços rotineiros de produção industrial e artesanal, introduzidas de forma gradativa para que não altere seu equilíbrio emocional.

- Geralmente apresentam falta de equilíbrio.

- Dificuldade na locomoção e coordenação motora (grossa e fina).

- Dificuldade de manipulação.

5.5 CARACTERÍSTICAS COMPORTAMENTAIS DOS DEFICIENTES INTELECTUAIS

- Um dos traços mais visíveis é a rigidez comportamental.

- Apresentam ansiedade e falta de autocontrole.

- As crianças com deficiência intelectual podem permanecer e persistir muito mais tempo que outras crianças em uma determinada tarefa, por mais repetitiva que seja.

- As crianças com deficiência intelectual costumam ter uma grande dependência afetiva e comportamental com relação a outras pessoas.

- Muitas vezes o comportamento das crianças com deficiência intelectual pode ser parecido, porém os diagnósticos serão distintos.

- Podem apresentar possíveis perturbações da personalidade e fraco controle interior.

- Dificuldades de entender regras em geral.

- Hipersensibilidade sonora e musical na Síndrome de Williams - Beuren (SWB).

- Personalidade alegre e amigável, característica marcante na Síndrome de Williams - Beuren (SWB).

5.6 ORIENTAÇÕES

- O diagnóstico precoce com profissionais especializados é de extrema importância.

- É nos primeiros anos de infância da criança que se encontra o período mais propício para a estimulação, visto que corresponde a fase que o desenvolvimento psicofísico é mais acelerado.

- O tratamento deve ser feito com equipe multidisciplinar.

- O ambiente familiar tem uma enorme influência em sua aprendizagem, através de estimulação direta ou indireta.

- Deve-se desenvolver a autonomia das crianças com deficiência intelectual.

- Os pais e professores devem receber orientações a respeito das possibilidades de desenvolvimento, para que possam promover desde cedo o desenvolvimento das crianças com deficiência intelectual.

- O deficiente intelectual é um ser humano com possibilidades a nível social e educacional, e deve ser estimulado ao nível do desenvolvimento e nunca excluído das ações sociais diárias.

6

DEFICIENTES VISUAIS

A **Deficiência Visual** é definida como a perda total ou parcial, congênita ou adquirida. Podendo haver uma variação no nível de acuidade visual determinando os seguintes grupos:

- Considera-se legalmente **Cegos** aquelas pessoas que, com a melhor correção possível, têm menos de um décimo de visão nos dois olhos, desde que tal limitação visual seja de caráter **permanente e incurável** (segundo a **Once**, Organização Nacional de Cegos na Espanha).

- **Cegueira** é a perda total da visão ou pouquíssima capacidade de enxergar, o que leva a pessoa a necessitar do **Sistema Braille** como meio de leitura e escrita.

- **Baixa Visão**, ou visão subnormal, caracteriza-se pelo comprometimento do funcionamento visual dos olhos, mesmo após tratamento ou correção.

CAUSAS MAIS FREQUENTES

- **Congênitas:** amaurose congênita de Leber (doença degenerativa hereditária rara), malformações oculares, glaucoma congênito, catarata congênita.

- **Adquiridas:** traumas oculares, catarata, degeneração senil de mácula, glaucoma, alterações relacionadas à hipertensão arterial ou diabetes.

6.1 CARACTERÍSTICAS DOS DEFICIENTES VISUAIS

- O dano total ou parcial, do sistema visual que coleta informações faz com que a criança desenvolva os outros sistemas sensoriais para conhecer o mundo a sua volta.

- As pessoas com baixa visão podem ler textos impressos e ampliados ou com uso de recursos óticos especiais.

- Sempre se identifique ao se aproximar de uma pessoa com deficiência visual.

- Ao andar com uma pessoa com deficiência visual, deixe que ela segure o seu braço, ela saberá o que fazer.

- Ao ajudá-la a sentar-se, coloque a mão da pessoa com deficiência visual sobre o seu braço ou no encosto da cadeira e ela será capaz de sentar-se facilmente.

- Ao orientá-la, fale as direções de modo mais claro possível: diga direita ou esquerda, de acordo com o caminho que ela necessite.

- Ao afastar-se, avise para que ela não fique falando sozinha.

6.2 CARACTERÍSTICAS COMPORTAMENTAIS DOS DEFICIENTES VISUAIS

- O deficiente visual pode apresentar pouca motivação ou baixa autoestima, aspectos que, com as políticas de inclusão, minimizaram, mudando consideravelmente essa realidade.

- O interlocutor deve transmitir seus sentimentos de outro modo que não por expressões faciais, deve ser bem expressivo em seu tom de voz, tocar e acariciar a criança e verbalizar o mais possível suas emoções.

- A criança com deficiência visual constrói através de suas próprias experiências a sua autoimagem.

- A criança deficiente visual só "vê" quando toca um objeto.

6.3 ORIENTAÇÕES

- A orientação e a avaliação precoce permitem a detecção de problemas visuais, o diagnóstico e o tratamento adequado são a garantia da saúde ocular.

- Segundo a Organização Mundial de Saúde (OMS), com uma ação de prevenção e orientação 80% dos casos seriam evitados.

- É de extrema importância a integração do deficiente visual na família em primeiro lugar, depois na escola e na comunidade, um processo importante em termos de interação social.

- O aluno integrado deve fazer a aquisição de um conjunto de competências específicas que lhe permitam ultrapassar as desvantagens decorrentes da falta ou limitação da sua visão.

- Uma criança deficiente visual necessita de uma aprendizagem sistemática, dada por um professor especialista para se tornar um leitor de Braille.

- Uma criança precisa ser ensinada a usar sua baixa visão ou restos visuais para uma aprendizagem regular e intensiva para usar de forma eficiente as suas ajudas ópticas.

- É necessário que a professora e os colegas da criança estejam preparados para as principais dificuldades que ela vai encontrar.

- As crianças deficientes visuais necessitam de alguns ajustes ou equipamentos especiais na sala de aula: espaço de trabalho apropriado, tipo de iluminação apropriada, cuidados na arrumação do mobiliário e do material escolar, sistema Braille.

- Os pais devem receber informações sobre as capacidades dos seus filhos bem como sobre as alternativas que, na ausência da visão, utilizam para conhecer o mundo.

- É extremamente necessário estimular a mobilidade e o conhecimento do espaço para que se possamos suprir as suas necessidades.

- Devemos utilizar exercícios para o estímulo do desenvolvimento motor e do conhecimento do próprio corpo.

- É necessário que professores e pais aprendam o método Braille, pois desta forma poderão incentivar seus alunos e filhos.

7

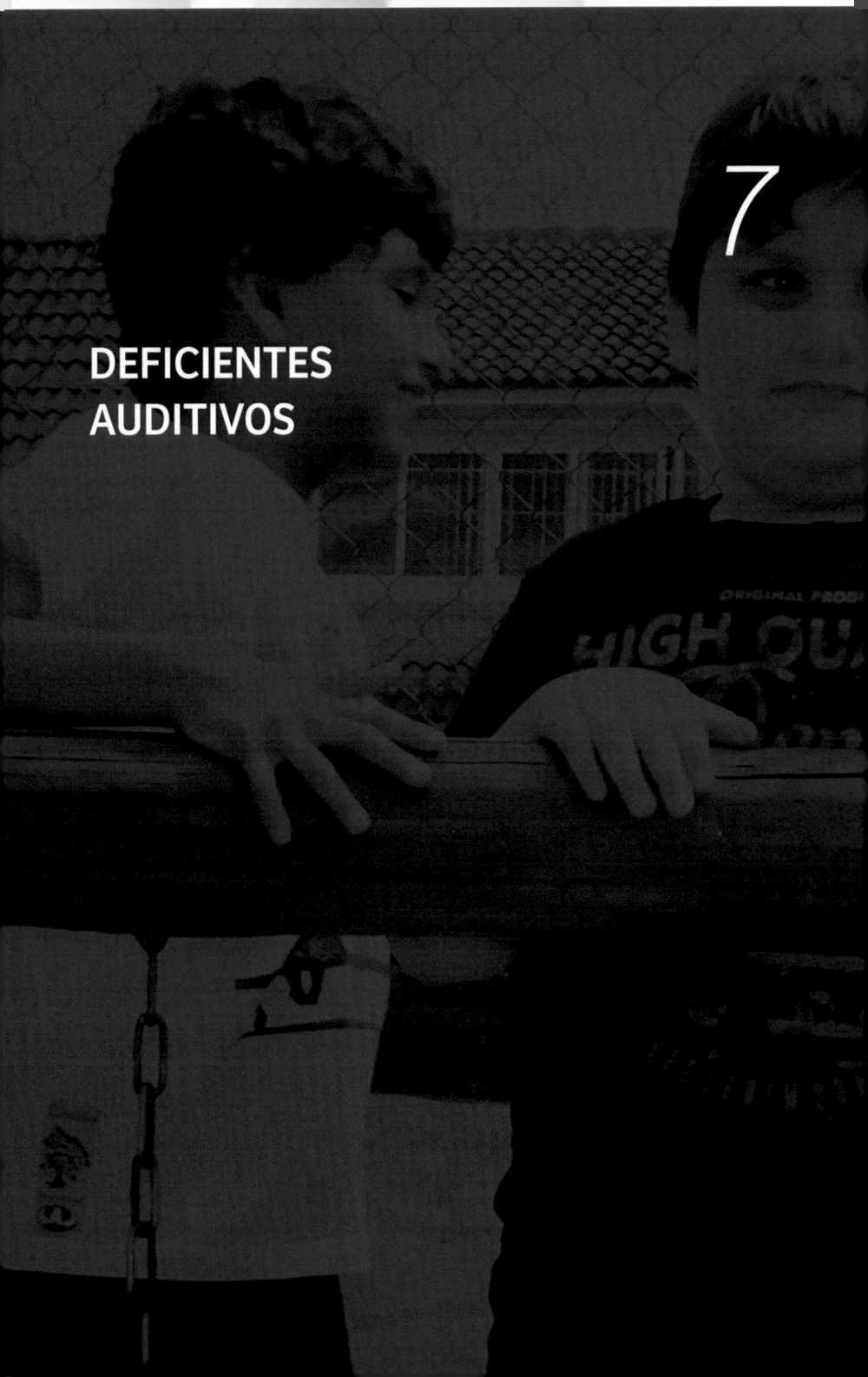

DEFICIENTES AUDITIVOS

Uma **Surdez** ou uma **Deficiência Auditiva** é qualquer alteração produzida tanto no órgão da audição como na via auditiva. Temos surdos que usam aparelhos, surdos que não usam aparelhos e já usam as libras, que não falam e não usam aparelhos, surdos que são cegos, e os que possuem todas as características anteriores.

7.1 PODEM SER CLASSIFICADAS EM TRÊS TIPOS

- **Surdez Condutiva** (ou de transmissão);
- **Surdez Neurossensorial** (ou de percepção);
- **Surdez Mista**.

7.2 A DEFICIÊNCIA AUDITIVA POSSUI OS SEGUINTES GRAUS OU NÍVEIS

- **Perda Média:** de 40 a 70 decibéis.
- **Perda Séria:** de 70 a 90 decibéis.
- **Perda Profunda:** superior a 90 decibéis.

7.3 CARACTERÍSTICAS DOS DEFICIENTES AUDITIVOS

- A surdez caracteriza-se por uma ausência ou dificuldade para ouvir sons específicos (tons puros), ambientais (ruídos familiares) e os sons da fala humana (tons complexos).

- A criança que apresenta deficiência auditiva sente a necessidade de se comunicar e sozinha busca meios de compensar essa perda seja por meio da linguagem gestual ou da leitura orofacial.

- A criança que perde o sentido auditivo com o tempo passará a "falar" com menor frequência.

- A criança com deficiência auditiva não atende quando chamada.

- Inclina a cabeça em direção ao som quando apresenta resquícios auditivos (perda média).

- Possui um vocabulário pobre para sua idade.

- Geralmente fala muito alto.

- Assiste à TV e/ou coloca o rádio em alto volume.

- Olha fixamente nos lábios das pessoas que estão falando.

- O deficiente auditivo vê a imagem e detalha cada imagem com muita precisão (perda média).

- O deficiente auditivo que não utiliza a Língua Brasileira de Sinais (Libras) não se integra 100% nem entre ouvinte nem entre surdos.

7.4 CARACTERÍSTICAS COMPORTAMENTAIS DOS DEFICIENTES AUDITIVOS

- A criança com deficiência auditiva possui uma elaboração conceitual rudimentar.

- Tem uma baixa socialização e em certos casos uma rigidez comportamental.

- Apresenta imaturidade emocional e comportamentos alterados.

- Algumas não conseguem se adaptar ao ambiente.

- Possuem baixa flexibilidade, dificuldade de concentração e muitas vezes são dispersivas.

- Apresentam dificuldade para aprender.

- Deve haver uma interação grande com os adultos para que possa se estabelecer uma relação psicológica mais sofisticada.

- Com o passar do tempo podem desenvolver relações mais abertas e com mais iniciativa própria.

7.5 ORIENTAÇÃO

- Encaminhar ao otorrino, quando verificar problemas com a audição dos alunos.

- Favorecer a atividade própria dos alunos com deficiência auditiva.

- Possibilitar que realizem atividades diversas.

- Utilizar métodos visuais de comunicação.

- Adaptar o currículo e organizar atividades de aprendizagem.

- O professor deve conhecer a realidade do aluno para que possa realizar um trabalho eficiente.

- Sentar a criança em lugar adequado, o espaço físico deve ser adaptado às suas necessidades básicas.

- Expressar-se de modo claro e natural.

- É necessário realizar contato entre crianças ouvintes e surdas em várias atividades; principalmente atividades artísticas e esportivas, pois são crianças muito talentosas e inteligentes.

- É importante que haja uma estreita coordenação entre o modo de comunicação que se usa na família e o modo de comunicação que se emprega na escola.

As pesquisas sobre língua de sinais preconizam o acesso às crianças o mais precocemente possível, as duas línguas: língua de sinais e a língua oral de seu País (filosofia de educação bilíngue).

A escola deve assumir a função de oferecer condições de a criança aprender a língua de sinais e o aprendizado da língua portuguesa.

Algumas crianças com deficiência auditiva necessitam de atendimento Educacional Especializado (AEE) nas salas de recursos multifuncionais, em turno inverso ao das aulas, nas salas o aluno irá desenvolver suas habilidades com auxílio de profissionais da saúde e professores especializados.

8

SUGESTÃO DE ATIVIDADES PARA PROFESSORES DE EDUCAÇÃO FÍSICA ESCOLAR

A utilização de atividades adaptadas é de extrema importância para o desenvolvimento das crianças com necessidades especiais. Em minha prática pude observar uma melhora considerável do desenvolvimento das habilidades sociais no que diz respeito a comunicação, contato físico e demonstração de afeto, apresentam melhoras nos jogos sociais com os outros alunos, menor resistência na prática de novas atividades sugeridas pelo professor e melhora no desenvolvimento de habilidades motoras básicas.

Quadro 1 – Atividades adaptadas para aulas de Educação Física escolar

EIXO	OBJETIVOS	METODOLOGIA	MATERIAIS
Ginástica geral	Atividades motoras: desenvolver as habilidades motoras básicas.	Os alunos deverão estar dispostos em duas filas e realizar as atividades motoras básicas: caminhar devagar, caminhar moderadamente, caminhar rápido, subir e descer de planos diferentes, engatinhar, rastejar e rolar.	Quadra poliesportiva ou espaço amplo.
Ginástica geral	Circuitos Motores: desenvolver habilidades motoras diversas, como equilibrar-se, coordenação motora geral e específica, domínio espacial.	Os alunos deverão estar dispostos em duas filas e realizar o circuito motor saindo um aluno de cada fileira, as atividades do circuito devem ser desenvolvidas observando a necessidade dos alunos (pular, subir, passar por dentro, por baixo, por cima, fazer zig-zag, equilibrar-se).	Devem ser os mais variados e coloridos possíveis como: arcos, cordas bastões, bancos, cadeiras, caixas cones, bolas, pneus, garrafas etc.

Ginástica geral	Atividade de agarrar e segurar (preensão): desenvolver a coordenação motora grossa e fina, importantes para as atividades da vida diária e escolar.	Os alunos deverão estar dispostos em duas filas e realizar a atividade de segurar em traves de parquinhos, bastões, trave de gol, bolas de diversos tamanhos, cilindros. - As atividades devem ser realizadas de forma segura.	Para esta atividade podem ser utilizadas, bolas, cilindros, bastões, espaldares diversos.
Ginástica geral	Atividade de enrolar e desenrolar em tapete ou lençóis: atividade sensório-motora, de controle tônico emocional.	Os alunos deverão estar sentados ao redor de um tapete ou lençol, o professor deverá explicar a atividade demonstrá-la e aos poucos cada aluno ir realizando a atividade de enrolar e desenrolar no tapete.	Podemos utilizar tapetes ou lençóis grandes.
Ginástica geral	Andar sobre caixas de ovos: atividade de sensibilização podal, equilíbrio, controle tônico.	Os alunos deverão estar dispostos em duas filas, e sem sapatos deverão caminhar por um circuito de caixa de ovos até o final.	Diversas caixas de ovos para formar um caminho de pelo menos uns cem metros.
Ginástica geral	Sensibilização gustativa com balas ou outro tipo de alimentação.	Os alunos deverão estar sentados em círculo e experimentar balas de diversos sabores, em seguida o professor deverá dar uma bala e falar que o sabor da bala é de limão e os alunos deverão conferir se realmente é o sabor que o professor falou.	Balas de diversos sabores. - Observar a idade dos alunos e que tipo de bala oferecer.

Ginástica geral	Sensibilização manual: Coordenação motora grossa e fina.	Os alunos deverão estar em carteiras cada aluno com uma esponja e o professor colocará detergente na mesa e deverá mediar à atividade pedindo que eles esfreguem a mesa em círculos em várias direções, depois trocar de mão, fazer diversas movimentações e apreensões da esponja. Realizar a atividade com as duas mãos em um segundo momento.	Esponjas de lavar louça. Mesas ou carteiras.
Ginástica geral	Coordenação motora e agilidade.	Os alunos deverão estar espalhados pela quadra e ao sinal do professor deverão correr do pegador, só não será pego quem estiver sentado, ir modificando a regra e as posições, desta forma poderemos incluir todos os alunos respeitando suas limitações.	Quadra poliesportiva ou espaço amplo.
Ginástica Geral	Mobilidade e orientação espacial.	Os alunos deverão estar dispostos em duas filas e vendados. O professor deverá amarrar uma corda ou elástico de uma extremidade a outra da quadra poliesportiva, o objetivo será que o aluno ande tocando a corda até chegar do outro lado, repetir algumas vezes e depois repetir o percurso sem tocar na corda.	Quadra poliesportiva ou espaço amplo. Corda ou elástico. Vendas.

Ginástica geral	Atividade de corrida de orientação adaptada. Coordenação motora acuidade auditiva mobilidade e orientação espacial.	Os alunos deverão estar dispostos em duas filas, na quadra estará montado um circuito com cones com numeração de um a dez. Os alunos vendados deverão seguir a sequência numérica, com a movimentação de um material sonoro. Anotar o tempo de cada participante para verificar quem fará no menor tempo possível. Em um segundo momento ir modificando a posição dos cones para estimular mais a orientação espacial.	Quadra poliesportiva ou espaço amplo. Numeração em papel, cones, material sonoro.
Jogos	Vôlei cooperativo: habilidades específicas e gerais.	Os alunos estarão divididos em duas equipes. O objetivo será pegar a bola em duas pessoas e jogar para o outro lado da quadra. Podendo ser realizado sentado ou de joelhos como forma de variação.	Quadra poliesportiva ou espaço amplo. Bola de vôlei ou bola de plástico.
Jogos	Futebol de dupla: atividade cooperativa de habilidade motora geral e específica.	Os alunos estarão divididos em duas equipes, distribuídos pela quadra em duplas de mãos dadas, o jogo acontece normalmente com goleiro e pontos a cada gol realizado. Em um segundo momento trocar de goleiro e os pares.	Quadra poliesportiva ou espaço amplo. Bola e cones se necessário para demarcar o gol.
Jogos	Basquetebol adaptado (sentado): coordenação motora geral e específica.	Os alunos estarão divididos em duas equipes, todos os alunos estarão sentados com as pernas amarradas com fita crepe, o objetivo será realizar o jogo de forma adaptada tendo como cesta um balde ou caixa. As regras podem ser adaptadas.	Quadra poliesportiva ou espaço amplo. Bola de minibasquete, balde ou caixa de papelão, fita crepe e coletes.

Jogos	Handebol adaptado (sentado): coordenação motora geral e específica.	Os alunos estarão divididos em duas equipes, todos os alunos estarão sentados com as pernas amarradas com fita crepe, o objetivo será realizar o jogo de forma adaptada, o gol será demarcado com cones. As regras podem ser adaptadas.	Quadra poliesportiva ou espaço amplo. Bola de handebol, cones, fita crepe e coletes.
Jogos	Futebol de cinco (adaptado): coordenação motora geral e específica.	Os alunos deverão estar divididos em duas equipes de cinco sendo que um aluno será goleiro (sem venda) e os outros serão atacantes (com vendas ou deficiente visual), o jogo transcorrerá normalmente com regras do futsal, sendo que atrás do gol teremos o chamador que orientará os atacantes, a bola será de guizo que produz sons facilitando a movimentação em direção a ela na hora do jogo.	Quadra poliesportiva ou espaço amplo. Vendas, bola com guizo.
Jogos	Goalball (adaptado): coordenação motora geral e específica.	Os alunos estarão divididos em equipes, a quadra será marcada com fita crepe (marcações da quadra de vôlei), a bola é do tamanho da bola de basquete com guizos, a trave será menor, na quadra três jogadores (vendados ou com deficiência visual) cada jogador poderá fazer até dois arremessos, deverão estar na frente do gol de joelhos e quando a bola for lançada pelo adversário se jogarão em direção a mesma tentando evitar o gol. Os jogadores deverão respeitar a área de arremesso.	Quadra poliesportiva ou espaço amplo. Bola com guizo, fita crepe, cones e vendas.

Fonte: a autora

Todas as atividades sugeridas podem ser adaptadas para as várias deficiências aqui mencionadas possibilitando a inclusão e a socialização de forma mais efetiva.

9

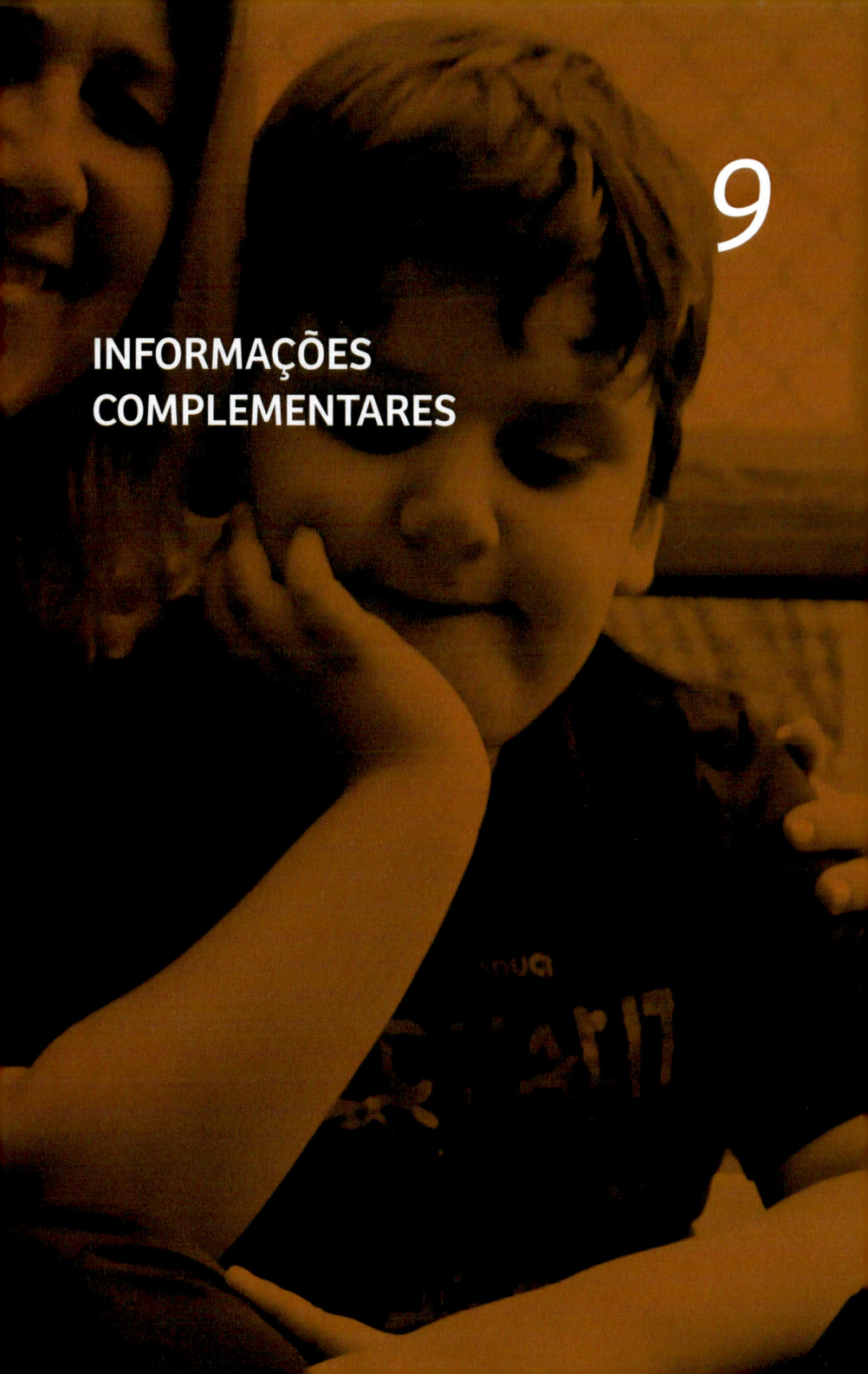

INFORMAÇÕES COMPLEMENTARES

Diante da necessidade de mais informações e esclarecimentos sobre os transtornos e necessidades especiais que se apresentam na atual escola, algumas páginas podem ser consultadas como:

- Associação de Amigos do Autista – AMA – www.ama.org.br
- Associação Brasileira da Síndrome de Williams – ABSW – www.swbrasil.org.br
- Associação Brasileira do Déficit de Atenção – ABDA – www.tdah.org.br
- Associação Brasileira de Dislexia – ABD – www.dislexia.org.br
- Associação de Deficientes Visuais e Amigos – ADEVA – www.adeva.org.br
- Associação Nacional de Dislexia – ANDISLEXIA – www.andislexia.org.br
- Federação Nacional das APAES – www.apaebrasil.org.br
- Associação de Pais e Amigos de Surdos - APÁS – www.institutolegado.org
- Associação Paranaense de Síndrome de Williams – abswp@brasil.org.br
- Facebook: @aprsw.br
- Instagram: @aprsw.br

REFERÊNCIAS

COLL, Cézar; MARCHESI, Álvaro; PALACIOS, Jesús (org.). **Desenvolvimento psicológico e educação**. Tradução de Fátima Murad. 2. ed. Porto Alegre: Artmed, 2004.

MANTOAN, Maria Teresa Eglér. **Inclusão escolar** – O que é? Por que? Como fazer? 1. reimpressão. São Paulo: Summus, 2015.

RODRIGUES, Blanco Zuleide. **Dificuldades de Aprendizagem ou Dificuldades Escolares?** Disponível em: http://livros01.livrosgratis.com.br/cp110827.pdf. Acesso em: 4 mar. 2019.

TEIXEIRA, Gustavo. **Manual dos transtornos escolares**: entendendo os problemas de crianças e adolescentes na escola. 9. ed. Rio de Janeiro: BestSeller, 2018.

SITES

A DEFICIÊNCIA. Disponível em: http://deficiencia.no.comunidades.net/. Acesso em: 5 mar. 2019.

APAE. **Deficiência Intelectual**. Disponível em: http://www.apaesp.org.br/pt-br/sobre-deficiencia-intelectual/Paginas/o-que-e.aspx. Acesso em: 6 mar. 2019.

BLOG SAPO. **Educação Diferente**. Disponível em: https://edif.blogs.sapo.pt/deficiencia-visual-134805. Acesso em: 8 mar. 2018.

CADERNO DA TV ESCOLA. **Deficiência Visual**. Disponível em: http://portal.mec.gov.br/seed/arquivos/pdf/deficienciavisual.pdf. Acesso em: 8 mar. 2019.

CIRANDA PEDAGÓGICA. **Necessidades Educativas Especiais**. Deficientes Físicos. Disponível em: http://cirandapedagogicaipa.blogspot.com/2010/06/nee-deficientes-fisicos.html. Acesso em: 9 mar. 2019.

CONCEITO DE DEFICIÊNCIA. **Segundo a Convenção da ONU e os critérios da CIF**. Disponível em: http://www.desenvolvimentosocial.sp.gov.br/a2sitebox/arquivos/documentos/274.pdf. Acesso em: 3 mar. 2009.

CRUZ, Mara Lúcia Reis Monteiro Da. **Estratégias Pedagógicas para alunos com dificuldades de aprendizagem I Seminário Internacional de Inclusão Escolar:** práticas em diálogo. CAp. UERJ -21 a 23 de out. de 2014. Disponível em: http://www.cap.uerj.br/site/images/stories/noticias/5-cruz.pdf. Acesso em: 5 mar. 2019.

DECLARAÇÃO DE SALAMANCA. **Sobre Princípios, Políticas e Práticas na área das Necessidades Educativas Especiais**. Disponível em: http://portal.mec.gov.br/seesp/arquivos/pdf/salamanca.pdf. Acesso em: 3 mar. 2019.

DEFICIENTE ONLINE. Disponível em: http://www.deficienteonline.com.br/deficiencia-fisica-tipos-e-definicoes___12.html. Acesso em: 5 mar. 2019.

DICAS PROFISSIONAIS. **Como lidar com pessoas com deficiência**. Disponível em: http://www.dicasprofissionais.com.br/como-lidar-com-as-pessoas-com-deficiencia/. Acesso em: 6 mar. 2019.

ESTATUTO DA CRIANÇA E DO ADOLESCENTE. **Biblioteca Digital Câmera**. Lei n. 8.069, 13 de julho de 1990, e legislação correlata. 9ª edição 2012. Disponível em: http://www.crianca.mppr.mp.br/arquivos/File/publi/camara/estatuto_crianca_adolescente_9ed.pdf. Acesso em: 3 mar. 2019.

ESTATUTO DA PESSOA COM DEFICIÊNCIA. Disponível em: https://www.pessoacomdeficiencia.gov.br/app/sites/default/files/arquivos/%5Bfield_generico_imagens-filefield-description%5D_93. pdf. Acesso em: 3 mar. 2019.

FACILITANDO A ACESSIBILIDADE. Disponível em: https://facilitandoacessibilidade.wordpress.com/2015/04/13/deficiencia-motora/. Acesso em: 5 mar. 2019.

FOCO EDUCAÇÃO PROFISSIONAL. Disponível em: https://www.focoeducacaoprofissional.com.br/blog/curso-online-deficiencia-intelectual. Acesso em: 7 mar. de 2019.

FUNDAÇÃO DORINA NOWILL PARA CEGOS. Disponível em: https://www.fundacaodorina.org.br/a-fundacao/deficiencia-visual/o-que-e-deficiencia/. Acesso em: 8 mar. 2019.

ITARD. **O que é deficiência auditiva e surdez?** Disponível em: https://institutoitard.com.br/o-que-e-deficiencia-auditiva-e-surdez/. Acesso em: 26 mar. 2019.

MÉDICO RESPONDE. Disponível em: https://medicoresponde.com.br/quais-sao-os-tipos-de-deficiencia-intelectual/. Acesso em: 7 mar. 2019.

NEURO SABER. Disponível em: https://neurosaber.com.br/o-que-e-deficiencia-intelectual/. Acesso em: 7 mar. 2019.

ORGANIZAÇÃO MUNDIAL DA SAÚDE (OMS). **Como usar a CIF:** Um manual prático para o uso da Classificação Internacional de Funcionalidade, Incapacidade e Saúde (CIF). Versão preliminar para discussão. Outubro de 2013. Genebra: OMS. Disponível em: http://www.fsp.usp.br/cbcd/wp-content/uploads/2015/11/Manual-Pra%CC%81tico-da-CIF.pdf. Acesso em: 3 mar. 2019.

PORTAL EDUCAÇÃO. **Deficiência Auditiva –** Aspectos Gerais: o ouvido Humano. Disponível em: https://www.portaleducacao.com.br/conteudo/artigos/fonoaudiologia/deficiencia-auditiva-aspectos-gerais-o-ouvido-humano/33845. Acesso em: 11 mar. 2019.

PORTAL DO MEC. Ministério da Educação. Legislação Específica. **LDB – Lei de Diretrizes e bases da Educação**. Disponível em: http://portal.mec.gov.br/secretaria-de-educacao-especial-598129159/legislacao. Acesso em: 3 mar. 2019.

SILVA, Marcelo Carlos Da. Artigo. **Dificuldades de Aprendizagem**. Disponível em: http://appdae.net/documentos/informativos/Dificuldades_de_aprendizagem.pdf. Acesso em: 5 mar. 2019.

UNESCO. **Declaração Mundial sobre educação para todos**: Satisfação das Necessidades Básicas de Aprendizagem, Jomtien, 1990. Disponível em: https://unesdoc.unesco.org/ark:/48223/pf0000086291_por. Acesso em: 3 mar. 2019.

VITTUDE BLOG. Disponível em: https://www.vittude.com/blog/deficiencia-intelectual-caracteristicas-sintomas/. Acesso em: 6 mar. 2019.

ÍNDICE REMISSIVO

A

a definição de deficiência, 23

adaptação social, 56

adaptações, 23

Adaptar o currículo e organizar atividades de aprendizagem, 80

Amputação, 56

aprendizagem, 13

atividades adaptadas, 15, 86

atividades práticas, 15

atividades práticas inclusivas., 35

Autismo., 39

B

Baixa Visão, 70

Braille, 73

C

características e orientações, 35

Cegos, 70

Cegueira, 70

CIF, 28

colaboração de pais e professores, 59

COLL; MARCHESI; PALACIOS; COLS, 63

CONCEITO E CLASSIFICAÇÃO, 39

congênito, 54

conhecimento humano, 13

construção de mais saberes, 15

coordenação, 56

coordenação motora, 54

cotidiano da vida escolar, 23

CRUZ, 47

D

de adaptações, 47

de apoio espe-, 34

Deficiência Auditiva, 39

Deficiência Intelectual, 39

Deficiência intelectual leve, 62

Deficiência intelectual moderada, 62

Deficiência intelectual profunda, 62

Deficiência intelectual séria, 62

deficiência motora, 54

Deficiência na Motricidade, 39

Deficiência permanente, 28

Deficiência Visual, 39, 70

Desordem de atenção, 45

Desordem na memória e no raciocínio, 45

diagnóstico precoce, 47

Dificuldade de concentração, 45

Dificuldades de Aprendizagem (DAs, 39

dificuldades de aprendizagem e características, 35

discriminados, 56

dislexia, dis- grafia, disortografia e discalculia;, 45

E

educação de qualidade, 15

educação especial., 13

educação gra- tuita, 33

educação para crianças, jovens e adultos, 33

Educação para todos, 33

educativas, 13, 35

ensino e aprendizagem, 33

ensino regular, 13

equânimes, 13

equipe multidisciplinar, 67

equipe pedagógico-administrativa, 13

escola, 13

escolas regulares de ensino., 28

específicas, 43

Estatuto da criança e do Adolescente, 33

evolutivas, 43

F

família, 28

filosofia de educação bilíngue, 82

G

generaliza- das,, 43

Ginástica geral, 86

Graves, 43

H

habilidades motoras básicas, 86

Hemiplegia, 56

Hiperatividade, 45

I

igualdade de acesso à educação, 35

igualdade de condições, 33

Incapacidade, 28

inclusão, 15

inclusão de alunos com necessidades especiais, 13

inclusão e a socialização, 92

independência, 59

Inespecíficas, 43

instituição formadora, 13

J

jogos, 47

Jogos, 90

L

leis inclusivas, 13

leves, 43

língua de sinais, 82

M

MANTOAN, 33

modalidade de ensino, 33

Monoplegia, 56

Multideficiência Profunda, 54

O

O professor deve ser um mediador, 58

Organização Mundial de Saúde (OMS), 73

P

paradigma, 28

Paraplegia, 56

particularidades, 15

Permanentes, 43

personalidade, 58

pesquisa e formações, 15

Política Nacional de Educação Especial, 33

políticas educacionais, 13

prática, 23

Problemas Psicomotores, 45

processos de aprendizagem, 15

Q

Quociente de Inteligência (QI), 62

R

reflexão, 23

RODRIGUES, 2009 cita FONSECA,, 45

S

SALAMANCA, 33

salas de recursos multifuncionais, 82

segurança emocional, 49

SILVA, 47

Síndrome de Angelman, 64

Síndrome de Asperger, 39

Síndrome de Down, 64

Síndrome de Prader-Willi (PWS)., 64

Síndrome de Rett., 39

Síndrome de Williams-Beuren (SWB, 64

Síndrome do Cri du Chat, 64

Síndrome do X-Frágil, 64

sistema regular de ensino, 33

Surdez Condutiva, 77

Surdez Mista, 77

Surdez Neurossensorial, 77

T

Tetraplegia, 56

Transtorno Desintegrativo (Psicoses, 39

Transtorno Global de Desenvolvimento (TGD, 39

Transtornos Invasivos sem especificação, 39

U

uma educação para todos, 13